EXERCICES DE LECTURE

OU

PROCÉDÉ FACILE

POUR APPRENDRE A LIRE COURAMMENT,

Ouvrage approprié au goût et à l'intelligence des enfants,

OU SE TROUVENT RÉSOLUES LES PRINCIPALES DIFFICULTÉS DE LA LECTURE ÉLÉMENTAIRE,

FAISANT SUITE A LA MÉTHODE DE LECTURE

sans exercices de syllabes détachées,

EN MANIÈRE CONFORME A LA MARCHE NATURELLE DU LANGAGE

PAR M. BONHOURE

ANCIEN INSTITUTEUR

NOUVELLE ÉDITION.

PARIS

NOUVELLE LIBRAIRIE CLASSIQUE

EUGÈNE BARLIT, LIBRAIRE-ÉDITEUR

RUE SAINT-SULPICE, 25.

EXERCICES

DE LECTURE

SUR

LES PRINCIPALES DIFFICULTÉS

DE LA LECTURE ÉLÉMENTAIRE

Faisant suite aux Méthodes de lecture

PAR BONHOURE

Ancien instituteur

DEUXIÈME ÉDITION PLUS COMPLÈTE

PARIS

NOUVELLE LIBRAIRIE CLASSIQUE

VICTOR SARLIT, LIBRAIRE-ÉDITEUR

RUE SAINT-SULPICE, 25.

1859
1858

Corbeil, typ. et stér. de Crété.

PRÉFACE

—

Cet ouvrage contient quarante exercices sur les principales difficultés de la lecture élémentaire : parmi ces quarante exercices, il y en a vingt de mots détachés, et vingt de phrases liées par le sens. Chaque exercice de mots détachés est suivi d'un exercice de phrases liées par le sens. Dans ce dernier exemple figurent des mots extraits du premier exercice, c'est-à-dire de celui qui précède. Tel est, dans presque toute son étendue, le plan de cet ouvrage.

Ce livre est surtout remarquable en ce que tous les mots des exercices détachés sont écrits de quatre manières : 1° par syllabes ; 2° sans être syllabés ;

3° selon leur vraie orthographe; 4° enfin, selon leur prononciation la plus facile. Ce procédé offre les plus grands avantages pour vaincre sans peine, et en peu de temps, les principales difficultés de la lecture élémentaire.

EXERCICES
DE LECTURE

Conversation enfantine concernant l'utilité d'avoir un livre d'exercices sur les principales difficultés de la lecture élémentaire.

Le département de la Creuse a beaucoup de petits bois et de petits pâturages qui produisent d'excellentes fraises : elles sont si bonnes et si abondantes que les enfants du pays les préfèrent à tout ce qu'ils connaissent de meilleur et en font souvent de bons repas. Ils en cueillent tous les jours, mais principalement les jeudis et les dimanches. Dernièrement, ceux d'un hameau où elles sont tout à fait exquises s'assirent en cercle pour admirer et compter celles qu'ils venaient de cueillir. Comme ils les admiraient et les comptaient, une petite fille prit la parole et dit : « Vous le savez tous, j'aime bien les fraises, j'en suis folle ; mais j'aimerais encore mieux savoir lire. Je conviens que je lis assez bien les livres qui n'ont que des mots faciles, mais quant à ceux qui en ont d'un peu dif-ficiles, je ne peux pas en venir à bout ; et ceci, je l'avoue, me contrarie beaucoup. Vous tous, qui n'êtes pas plus savants que moi, lorsque vous lisez aussi des livres où il y a des mots difficiles, n'éprouvez-vous pas égale-ment cette contrariété ? — Oui, répondirent-ils tous, nous l'éprouvons également.

— Pour nous mettre en état de pouvoir lire aisément toutes sortes de mots, poursui-vit la petite fille qui avait pris la parole, il faudrait, ce me semble, un livre où on nous les donnât comme exercice de lecture, où serait le procédé le plus propre à bien lire. Mais ce livre, je crois, n'existe pas, et c'est fâcheux pour nous, car il nous serait très-utile. — Si, lui dit un petit garçon, il existe, mais il n'y a pas longtemps, car il ne vient que de paraître ; c'est l'Exercice de la lec-ture où sont expliquées et résumées les prin-cipales difficultés de la lecture élémentaire.

— Cet ouvrage, continua le petit garçon,
contient une méthode excellente, qui nous
mettra à même de lire toutes sortes de mots ;
ceux qui offrent quelques difficultés sont
écrits de quatre manières : 1° syllabés ;
2° non syllabés ; 3° bien orthographiés ;
4° d'après l'orthographe la plus facile à prononcer. Cette méthode est, vous devez le
comprendre, très-propre à en faciliter la lecture ; mais ce qui n'est pas moins utile, c'est
qu'ils sont toujours présentés, pour chaque
classe, dans deux exemples différents. Dans
le premier, ils sont tout détachés, et dans le
suivant, ils figurent, de temps en temps, dans
des phrases liées par le sens.

Voilà, en vérité, pour nous faciliter la lecture, l'idée la plus avantageuse qu'il soit
possible de concevoir.

— Je suis de ton avis, lui répondit un petit garçon ; si ce livre est tel que tu le dis, il
nous est de la plus grande utilité pour nous
apprendre à lire nous-mêmes les mots difficiles. — C'est sûr ! c'est sûr ! répétèrent tous

les autres. — Pour mon compte, poursuivit une petite fille, je vais me le faire acheter dès demain et le lire tous les jours à l'école et chez nous. — Moi aussi ! moi aussi ! » s'écria la petite troupe écolière. Et tous, à l'instant même, partirent à la hâte pour se rendre chacun chez eux. Et dans quel but ? Pour prier leurs parents de leur acheter tout de suite un livre qu'ils regardent comme indispensable. Ainsi, il ne faut souvent dans beaucoup de circonstances, qu'une seule parole pour faire naître de bonnes idées, même parmi les petits enfants. C'est ce dont on pourra se convaincre en poursuivant la lecture de cet ouvrage.

De la prononciation des mots qui offrent des difficultés.

1° Toute *s* qui est précédée d'une consonne et suivie d'une voyelle se prononce comme un *c*, comme dans les mots : course (cour ce), ré com pen sa (ré com pen ça), of fen sives (of fen cives), tor su (tor çu), dan sons (dan çons).

2° Toute *s* qui est entre deux voyelles se prononce comme un *z*, comme dans les mots : ba se (ba ze), cou sines (cou zines), a mu sâtes (a mu zâtes), dé po sons (dé po-zons).

3° Toute voyelle qui est surmontée d'un tréma et qui forme, par elle-même, une syllabe, se prononce seule, comme dans les mots : ha ï, Ga ë te, Mo ï se, na ï ve té.

4° Toute voyelle qui est surmontée d'un tréma et qui ne peut former, par elle-même, une syllabe, se prononce avec la lettre ou les lettres qui la suivent, comme dans les mots : na ïa de, fa ïen ce, ha ïr, Sa ül, Rapha ël.

5° Tout *c* qui est accompagné d'une cédille se prononce comme une *s*, non comme un *k*, comme dans les mots : le çon (le son), fa ça de (fa sa de), ber ça (ber sa), re çu (re su).

6° Tout *t* qui se trouve entre deux traits d'union se lie avec la syllabe qui le suit, comme dans les mots : va-t-il (va-til), au ra-t-elle (au ra-telle).

7° Lorsqu'un verbe de la troisième personne du pluriel se prononce comme un verbe de la troisième personne du singulier, l'*n* et le *t* qui terminent le premier verbe deviennent nuls ou ne se prononcent pas, comme dans les mots : man ge, man gent (man ge), par le, par lent (par le), bu vait bu vaient (bu vè), chan tas se, chan tas sent (chan tas se), eus se, eus sent (eus sè), pris se, pris sent (pris se).

8° Tout *e* qui est précédé d'un *g* et suivi de la voyelle *a* ou de la voyelle *o* devient nul et donne au *g* qui le précède le son du *j*, comme dans les mots : ju ge a (ju ja), pi geon (pi jon), lo ge ait (lo jè).

9° Il arrive assez souvent que de deux voyelles qui se suivent l'une d'elles devient nulle ou ne se prononce pas, comme dans les mots : La on (Lan), a oût (oût), Ca en (Can), Je an (Jan), vil la ge ois (vil la jois), man ge ons (man jons), etc.

10° Il est des cas où les doubles voyelles se prononcent toutes, et d'autres cas où l'une d'elles devient nulle ou ne se prononce pas, comme dans les mots : Cha na an (Ca na an), co o pé rer, Ba la am, La o co on (La o con), Berg-op-Zo om (Berg-op-zom).

11° Tout *y* qui, dans le corps d'un mot, est précédé de la voyelle *a* ou de la voyelle *o*, se prononce comme deux *i* séparés, comme dans les mots : ro ya les (roi ia les), jo yeu se (joi ieu se), pay san (pai i san), ci to yen (ci toi ien).

12° Le *c* et l'*h* suivis d'une voyelle prennent assez souvent le son du *k* dans plusieurs langues : comme dans les mots : ar chan ge (ar can ge), Za cha rie (Za ca rie), Cal chas (Cal kas), Mi chel-An ge (Mi kel-An ge).

13° Les syllabes dont le *c* et l'*h* sont suivis d'une voyelle, et qui se prononcent comme le *k*, appartiennent, en général, aux mots hébreux, grecs, latins et italiens ; et le nombre en est assez grand pour que l'on puisse souvent s'y tromper.

14° Le *c* et l'*h* suivis d'une consonne ont toujours, dans toutes les langues, la pronon-

ciation du *k*, commme dans les mots : Chris-
to phe (Cris to phe), chré tien (cré tien),
chro no lo gie (cro no lo gie), chlo ru re
(clo ru re), chry sa li de (cry sa li de), co-
chli tes (co cli tes), ca ta chrè se (ca ta crè se).

15° Beaucoup de syllabes font entendre
deux sons; ce sont celles qui sont terminées
par lettres *c*, *t*, *q*, *m*, etc., comme dans les
mots : Jé ro bo am (Jé ro bo a me), a vec (a-
vè que),Til sitt (Til si te), Da ne mark (Da ne-
mar que), coq (co que).

16° Le *z*, à la fin de certains mots, se prononce quelquefois comme l'*s*, comme dans
les mots : Metz (Mes se), Au ster litz (Au ster-
lisse), Cor tez (Cor tes se), Rho dez (Rho-
des se).

17° Toutes les doubles consonnes inséparables se prononcent comme une seule consonne, comme dans les mots : Luck now
(Luck no ve), Crom well (Crom vel), Wa-
sing ton (Va sing ton).

18° Quelques mots, soit français, soit
étrangers, se prononcent différemment qu'ils

sont écrits, comme les mots : mon sieur (me-cieu), fem me (fa me), New ton (Neu ton), New-York (Neu-York).

19° Certains *e* muets se prononcent comme des *e* fermés, comme dans les mots O e o ne (É o ne), O e di pe (É di pe), O e ta (É ta), o e cu mé ni que (é cu mé ni que), f o e tus (fé tus), co e cum (cé cum).

20° Tout *e* muet précédé d'un *é* fermé devient nul ou ne se prononce pas, comme dans les mots : ar mé e (ar mé), cré é es (cré-és), fé es (fés), pen sé es (pen sés), je cré e (crè), ils a gré ent (a grè), tu cré es (crè), i dé-es (i dés).

21° Il y a une quantité de mots qui, quoique écrits en deux syllabes, se prononcent néanmoins comme s'ils n'en avaient qu'une seule, comme les mots : co eur (keur), bo euf (beuf), vo eux (veux), so eurs (seurs), mo eurs (meurs), etc.

On ne peut pas écrire ces mots autrement, ainsi que beaucoup d'autres de ce genre ; et c'est ce qui en rend la lecture et l'ortho-graphe excessivement difficiles.

22° Les mots mangeons, jugea, bourgeois, paon, Caen, etc., se trouvent dans les mêmes cas que ces derniers mots, c'est-à-dire qu'en les prononçant on supprime aussi une syllabe, exemple : man ge ons (man jons), ju ge a (ju ja), bour ge ois (bour jois), pa on (pan), Ca en (Can).

23° Les mots les plus difficiles à lire sont ceux qui ont, dans la même syllabe, deux ou trois consonnes différentes et inséparables, ou qui se suivent, comme dans les mots : Sten tor , Ca ly pso, Stras bourg, scien ces, scri pto lo gie, etc.

Voici à peu près les principales difficultés de la lecture élémentaire, et ces difficultés n'existeraient pas si la plupart des mots où elles figurent étaient écrits tels qu'on les prononce.

Exercices sur les mots dont l's se prononce comme un c ou comme un z.

1. Dé pen sâ mes (dé pen çâ mes), cour se (cour ce), gen si ves (gen ci ves), dé sa-

bu sés (dé za bu zés), ma ga sins (ma ga-
zins), ré pon ses (ré pon ces), en vi sa gé
(en vi za gé), pan se ment (pan ce ment),
voi sins (voi zins), en se men cés (en ce men-
sés), vi si tes (vi zi tes), pen sons (pen çons),
oc ca sion nâ tes, (oc ca zion nâ tes) sen sés
(sen cés), soi gneu se ment (soi gneu ze-
ment), o se riez (o ze riez), ren ver sé (ren-
ver cé), re po sons (re po zons), en sem ble
(en cem ble), é pou ses (é pou zes), pa res-
seu ses (pa res seu zes), of fen sâ mes (offen çâ mes), men teu ses (men teu zes).

2. Dépensâmes, course, gencives, désabu-
sés, magasins, réponses, envisagé, panse-
ment, voisins, ensemencés, visites, pensons,
occasionnâtes, sensés, soigneusement, ose-
riez, renversé, reposons, ensemble, épouses,
paresseuses, offensâmes, menteuses.

Exercices contenant des mots dont l's se prononce comme un c ou
comme un z.

3. La meilleure réponse (ré pon ce) que
nous ayons à faire aux pauvres qui implo-

rent notre assistance, c'est de leur ouvrir notre bourse (bour ce), et de leur donner un peu d'argent si nous le pouvons. — Mes chers enfants, vous devez tous être sages, justes, doux, bons et polis ; or, pour devenir tels, il faut que vous ayez recours à un homme qui connaisse la sagesse, la justice, la douceur, la bonté et la politesse, et qui vous conduise (con dui ze) à la source, où on les puise (pui ze) à pleines mains. — Bien que l'on ne voie point Dieu, ni qu'on ne l'entende point, il récompense (ré com-pen ce) néanmoins toujours celui qui fait du bien aux malheureux, et qui sèche leurs larmes, comme il punit aussi toujours celui qui leur fait du mal, ou qui se refuse (re fu-ze) à leur faire du bien.

4. Les petits garçons et les petites filles aiment bien les ce ri ses (ce ri zes), les poi-res, les frai ses (frai zes), les amandes et les a li ses (a li zes).— Dans ses discussions, un bon dé fen seur (dé fen ceur) n'of fen se (n'of fen ce) jamais per son ne (per çon ne) ;

il parle toujours avec ré ser ve (ré zer ve) et dou ceur; et, par la réserve et la douceur qu'il montre dans ses paroles et ses gestes, il plaît toujours à ceux qui l'écoutent, et on est toujours content de sa dé fen se défen ce).

5. Mon cou sin (cou zin) Jacques dit à notre voi si ne (voi zi ne) qu'il vient de tuer une grosse bu se (bu ze) qui mangeait tous ses petits poulets et ses petits canards. L'alphabet français contient vingt-cinq lettres, dont six sont appelées voyelles, et dix-neuf con son nes (con çon nes). — Votre ami Alphon se (Al phon ce) commence à se con soler (con ço ler) de la perte de sa fortune.

Exercices sur les mots construits avec le tréma, la cédille et le trait d'union.

6. For ça, ha ï, l'em por ta-t-il? ha ïr, faïen ce, Mo ï se, Ju da ï que, Ga ë te, re commen çâ mes, man ge-t-elle? re çu, I sra ël, na ïa de, Sa ül, co ër ci ve, No ël, s'en i rat-il? A ris to no üs, re çoi vent, per çâ tes,

Ja ma ï que, Fran çois, Ra pha ël, ma çon-
ne rie, re vien dra-t-el le? Al ta ï.

7. Força, haï, l'emporta-t-il? haïr, faïence,
Moïse, Judaïque, Gaële, recommençâmes,
mange-t-elle? reçu, Israël, naïade, Saül,
coërcive, Noël, s'en ira-t-il? Aristonoüs, re-
çoivent, perçâtes, Jamaïque, François, Ra-
phaël, maçonnerie, reviendra-t-elle? Altaï.

Exercices contenant des mots construits avec le tréma, la cédille,
et le trait d'union.

8. Mon père et ma mère m'ont dit que
c'est sur le mont Sinaï (Si na ï) que Dieu
donna ses dix commandements à Moïse (Mo-
ï se), et que ce dernier les écrivit sur une
table en pierre pour les transmettre d'abord
aux Israélites, puis, plus tard, à tous les peuples de la terre. Je suis bien aise de savoir
cela, moi, parce qu'il y a beaucoup de petits enfants de mon âge qui ne le savent
pas : c'est pourquoi je sais bon gré à mon
père et à ma mère de me l'avoir appris.

9. Ésa ü (Ésa ü) vient de me raconter tout

à l'heure, qu'on lui a appris que le monde se divise en quatre grandes parties, que l'on nomme l'Europe, l'Asie, l'Afrique et l'Amérique. Cette dernière partie, a-t-il continué, n'est connue des trois autres que depuis trois cent soixante-treize ans; elle a été découverte par Christophe Colomb, navigateur italien, né dans la ville de Gênes. L'Océanie a été découverte depuis, et les savants l'appellent la cinquième partie du monde.

10. Le Palais de l'Industrie est aussi remarquable par ses quatre façades que par sa grandeur immense et sa couverture en verre : l'entrée principale regarde le nord. Ce monument, d'une grande utilité pour l'encouragement des arts, du commerce et de l'industrie, attire toujours l'attention de tous les étrangers qui se promènent aux Champs-Élysées.

11. Amis, voyez-vous François? l'entendez-vous? « Adélaïde (A dé la ï de), nous crie-t-il de toutes ses forces, ira-t-elle à la fête d'Angoulême? Si elle y va, sera-ce avec

sa cousine Héloïse (Hé lo ï se) et son cousin Saül (Sa ül)? En cas qu'ils y aillent tous, y porteront-ils de quoi manger et boire?..... Voici ce qui m'intéresse, et ce que je désire savoir. »

12. On appelle monts Altaï (Al ta ï), une grande chaîne de montagnes qui sépare l'Europe de l'Asie, et qui s'étend du midi au nord. Ces monts sont, assure-t-on, les plus élevés du monde. — L'étoile polaire est très-brillante et toujours placée du côté du nord ; c'est en hiver qu'on la voit mieux, qu'elle frappe plus les regards. A cette époque, elle n'est pas fort éloignée de nous, elle en est bien plus près qu'en été, et c'est ce qui la rend plus visible.

13. L'arc-en-ciel est le signe de l'alliance éternelle que Dieu fit avec l'homme après le déluge : toutes les fois que nous le voyons briller de ses mille couleurs, il doit nous rappeler la vengeance divine contre les descendants d'Adam et d'Ève, et le pardon de leur faute qui leur fut ensuite accordé.

Exercices sur les verbes terminés en ais, ai, rais, rai.

14. Par lais (par lè), par lai (par lé), par le rais (par le rè), par le rai (par le ré), coupais, cou pai, cou pe rais, cou pe rai, chantais, chan tai, chan te rais, chan te rai, mon tais, mon tai, mon te rais, mon te rai, por tais, por tai, por te rais, por te rai, marquais, mar quai, fi lais, fi lai, fi le rais, fi le rai, sau tais, sau tai, sau te rais, sau te rai, me su rais, me su rai, me su re rais, me su re rai, pe sais, pe sai, pè se rais, pè se rai.

15. Parlais, parlai, parlerais, parlerai, coupais, coupai, couperais, couperai, chantais, chantai, chanterais, chanterai, montais, montai, monterais, monterai, portais, portai, porterais, porterai, marquais, marquai, marquerais, marquerai, filais, filai, filerais, filerai, sautais, sautai, sauterais, sauterai, mesurais, mesurai, mesurerais, mesurerai, pesais, pesai, pèserais, pèserai.

Exercices contenant des verbes terminés en ais, ai, rais, rai.

16. Héloïse (Hé lo ï se), ma chère fille, l'année dernière, tu priais bien Dieu tous les jours, tu l'adorais de tout ton cœur, tu ne désobéissais point à ton père ni à ta mère, tu les remerciais des bons conseils qu'ils te donnaient, tu ne les excitais point à se fâcher tous les matins pour t'envoyer à l'école. Aujourd'hui, tu ne fais pas de même, il s'en faut; d'où provient donc cela ?

17. Hier, je travaillai beaucoup, je montai quinze petits sacs de blé au grenier, je mesurai dix litres de vin, je chauffai trois fois le four, je brodai un bonnet, je coupai aussi un peu de bois pour faire cuire la soupe. Je fis tout ce travail en moins de cinq heures.

18. Aussitôt que je saurai un peu lire couramment, je ferai tout mon possible pour faire plaisir à mon papa et à ma maman. Dans cette vue, j'écrirai tous les matins en me levant, j'étudierai ma grammaire à midi,

je conjuguerai des verbes le soir, et, par là,
je serai sûr d'être aimé de ceux qui m'aiment plus qu'eux-mêmes.

19. Si j'étais riche, je me montrerais toujours bon et humain, je ne refuserais jamais rien aux pauvres qui ne pourraient pas gagner leur vie, qui ne seraient pas malheureux par leur faute; aux uns, je donnerais de l'argent, je visiterais les demeures des autres; je leur porterais du pain, des vêtements et du linge; à tous enfin, je dirais toujours quelques paroles consolantes. Voilà comment doit agir tout bon religieux.

Exercices sur les verbes terminés en ez, iez.

20. Parlez, (par lé), par liez, (par lié), coupez, cou piez, chan tez, chan tiez, mon tez, mon tiez, por tez, por tiez, mar quez, marquiez, fi lez, fi liez, sau tez, sau tiez, mesu rez, me su riez, pe sez, pe siez, ven dez, ven diez, bu vez, bu viez, man gez, mangiez, dan sez, dan siez, sa vez, sa viez, poussez, pous siez, ô tez, ôtiez, pê chez, pê

chiez, chas sez, chas siez, ha chez, hachiez.

21. Parlez , parliez , coupez , coupiez , chantez, chantiez, montez, montiez, portez, portiez, marquez, marquiez, filez, filiez , sautez , sautiez, mesurez, mesuriez, pesez, pesiez, vendez, vendiez, buvez, buviez, mangez, mangiez, dansez, dansiez, savez, saviez, poussez, poussiez, ôtez, ôtiez, pêchez, pêchiez, chassez, chassiez, hachez, hachiez.

Exercices contenant des verbes terminer en ez, iez.

22. Une mère disait avant-hier à sa fille : « Ma chère Joséphine, j'ai un petit reproche à vous adresser : Je trouve que vous êtes paresseuse, que vous n'apprenez pas, que vous vous levez trop tard. Croyez-moi, ma fille, appliquez-vous à perdre ces mauvaises habitudes qui ne peuvent que vous nuire et vous être très-funestes. Afin d'y réussir, adressez-vous à Dieu, priez-le de vous en accorder la grâce ; n'y manquez pas. »

23. Enfants, je vous préviens tous d'une
hose : maintenant que je vous ai permis de
enir ici pour jouer, pour vous amuser, pour
uter, je ne veux pas que vous vous fâchiez,
ue vous vous disiez des sottises, que vous vous
appiez, que vous couriez trop fort, ni que
ous sautiez trop. Si vous agissiez ainsi, je ne
rais pas satisfait de vous, je vous ferais des re-
oches, je ne vous permettrais pas de revenir
i une autre fois.

Exercices sur les verbes terminés en e, ent.

24. Par le, par lent (par le), cou pe, cou pent
ou pe), chan te, chan tent, mon te, mon tent,
r te, por tent, mar que, mar quent, fi le, fi-
nt, sau te, sau tent, me su re, me su rent,
se, pè sent, ran ge, ran gent, sa le, sa lent,
ou te, dou tent, é cou te, é cou tent, gra ve,
a vent, ar pen te, ar pen tent, ven ge, ven-
nt, com plè te, com plè tent, pous se, pous-
nt.

25. Parle, parlent, coupe, coupent, chante,
antent, monte, montent, porte, portent, mar-
ue, marquent, file, filent, saute, sautent, me-
ure, mesurent, pèse, pèsent, range, rangent,
le, salent, doute, doutent, écoute, écoutent,

grave, gravent, arpente, arpentent, venge, vengent, complète, complètent, pousse, poussent.

Exercices contenant des verbes terminés en *e, ent*.

26. Je te dis, ma chère Louise, que Joséphine parle bien, chante bien, mange peu; mais que Clotilde et Henriette parlent mal, chantent mal, et mangent beaucoup. — Jacques donne des prunes à ceux qui lui donnent des dragées; Henri prête des crayons à ceux qui lui prêtent des plumes. — Rose coupe des genêts fleuris; Jules et David coupent des fougères vertes. — Simon marche vite, et travaille fort; Pauline et Adèle marchent lentement, travaillent de même. — Élie parle tout bas; Cécile et Hortense parlent tout haut. — Marie raconte ce qu'elle a vu. — Jean et Émile racontent ce qu'ils ont fait.

27. Nous le répétons : les premiers hommes qui étaient sur la terre n'avaient ni vêtements, ni chaussures, ni coiffures, ni maisons, ni pain. Ils marchaient toujours vêtus de peaux, couchaient dehors ou dans des cabanes, vivaient de fruits, de pêche, de chasse, de glands et de racines. Telle était alors leur existence simple et primitive.

Exercices sur les verbes terminés en *asse, assent, isse, issent, usse,
ussent.*

28. Par las se, par las sent (par las se), cou-
pas se, cou pas sent (cou pas se), chan tas se, chan-
tas sent, mon tas se, mon tas sent, por tas se, por-
tas sent, tour nas se, tour nas sent, dis se, dissent, pris se, pris sent, vis se, vissent, fis se, fissent, mis se, missent, ris se, ris sent, gé mis se,
gé mis sent, ver nis se, ver nis sent, pus se, pussent, re çus se, re çus sent, dus se, dus sent,
eus se, eus sent, per çus se, per çus sent, crus se,
crus sent, vé cus se, vécus sent.

29. Parlasse, parlassent, coupasse, coupassent,
chantasse, chantassent, montasse, montassent,
portasse, portassent, tournasse, tournassent, disse,
dissent, prisse, prissent, visse, vissent, fisse, fissent, misse, missent, risse, rissent, gémisse, gé-
missent, vernisse, vernissent, pusse, pussent, reçusse, reçussent, dusse, dussent, eusse, eussent,
perçusse, perçussent, crusse, crussent, vécusse,
vécussent.

Exercices contenant des verbes terminés en *asse, assent, isse, issent,
usse, ussent.*

30. Hier matin, Alexandre voulait à toute force
que je montasse sur son petit cheval arabe, que je

mangeasse de ses amandes, que je goûtasse de son gâteau et que je jouasse aux quilles avec lui ; mais il ne voulait pas, par exemple, que ses frères montassent sur les poiriers et les pommiers, qu'ils mangeassent des poires, qu'ils goûtassent aux pommes du Canada, ni qu'ils jouassent à la raquette.

31. Oui, Adèle, oui, je désirais que tu fisses du feu, que tu misses la nappe sur la table, que tu servisses le déjeuner, que tu apprisses à saler la soupe ; comme je désirais aussi que Pauline et Hortense fissent de la galette, qu'elles la missent au four, qu'elles en servissent un bon morceau à nos ouvriers, qu'elles apprissent à leur être agré-bles par leur politesse et leur prévenance.

32. Monsieur Belfond exigea que je busse de sa bière, de son cidre et de son vin blanc, puis que je reçusse, comme marque de son estime, de ses figues et de ses olives, et que je vécusse huit jours à sa table. Quant à ceux qui me suivaient, il exigea seulement qu'ils bussent de son cidre, qu'ils reçussent quelques-unes de ses figues et qu'ils vécussent deux jours chez lui, également à sa table.

Exercices sur les verbes terminés en *er, ir, oir, re.*

33. Par ler, cou per, chan ter, mon ter, por ter, tour ner, ven ger, frap per, ju ger, tra vail ler, pe ser, dou ter, me ner, é ga li ser, pro té ger, tra ver ser, bom bar der, partir, ver nir, sor tir, gé mir, sou te nir, of frir, u nir, sen tir, bon dir, men tir, ou vrir, en se ve lir, ar ron dir, pé rir, a ver tir, fuir, sa lir, a voir, con ce voir, de voir, pré voir, voir, re ce voir, mou voir, per ce voir, sa voir, li re, ven dre, con fon dre, met tre, plai re, fen dre, sous trai re, at ten dre, ri re, dé fen dre, fai re.

34. Parler, couper, chanter, monter, porter, tourner, venger, frapper, juger, travailler, peser, douter, mener, égaliser, protéger, traverser, bombarder, partir, venir, sortir, gémir, soutenir, offrir, unir, sentir, bondir, mentir, ouvrir, ensevelir, arrondir, périr, avertir, fuir, salir, avoir, concevoir, devoir, prévoir, voir, recevoir, mouvoir, percevoir, savoir, lire, vendre, confondre, mettre, plaire, fendre, soustraire, attendre, rire, défendre, faire.

Exercices contenant des verbes terminés en *er, ir, oir, re.*

35. Tout le savoir de Joséphine consiste à ba-

layer la maison, à saler la soupe, à mesurer du lait, à soigner les moutons, à peser le beurre et à chauffer le four : voici ce qu'elle sait faire à merveille ; mais quant à savoir lire, écrire, compter; bien parler et orthographier, elle n'y entend rien du tout, absolument rien.

36. Hortense est bien plus adroite que Joséphine, car elle sait, elle, vêtir son petit frère, vernir des bottines, brunir des boutons blancs et tenir la poêle sur le feu. Outre tout ceci, elle sait également endormir sa poupée, polir le marbre, bâtir de petites cabanes pour ses lapins et courir au galop. Voilà, oui, pour sa part, ce qu'elle sait aussi faire à merveille.

37. Nous sommes tous certains que Théophile ne pourra pas concevoir votre lettre, ni prévoir vos intentions envers lui, ni percevoir les fonds que l'on vous doit, ni recevoir convenablement vos amis chez lui, ni apercevoir les avantages que vous lui offrez. Pour s'acquitter habilement de tout cela, il n'a pas encore assez de raison ni de volonté, il s'en faut de beaucoup.

38. Alexandre est tout le contraire de Théophile, car il a de la raison et de la mémoire ; il apprendra facilement, nous croyons, à peindre, à calculer, à écrire, à plaider, à défendre les accu-

sés innocents, à confondre les méchants, à faire rendre la justice, à préparer des arrêts justes. Dans le commerce, il saurait bientôt vendre, mesurer, peser, acheter ; et s'il devenait soldat, il ne craindrait pas l'ennemi, et serait le premier à l'attendre de pied ferme.

Exercices sur les mots à doubles consonnes séparables.

39. Ter re, fil les, hom me, el le, don nant, vio let tes, en trail les, fem me, en ne mis, sa ges se, af fai res, trom pet tes, im mo lé, ac cor da, con nais san ce, ci trouil le, hon neur, de moisel les, pin cet tes, ac cep tés, ca res ses, vil les, com me, cou ron nes, sug gè re, ser viet tes, offen seurs, pa res seu ses, guer re, ac ces si ble, im mor tel les, mo yen ne, pier res, hom ma ges, co or don ne, pru nel les, af freux.

40. Terre, fille, homme, elle, donnant, violettes, entrailles, femme, ennemis, sagesse, affaires, trompettes, immolé, accorda, connaissance, citrouilles, honneur, demoiselles, comme, couronnes, suggère, serviettes, offenseurs, paresseuses, guerre, accessible, immortelles, moyenne ; pierres, hommages, coordonne, prunelles, affreux.

Exercices contenant des mots à doubles consonnes séparables.

41. Tous les voyageurs conviennent que Saint-Pierre de Rome est la plus belle et la plus riche église du monde. — Quelle que soit notre position, nous devons toujours préférer la sagesse, la vertu et l'honneur aux richesses et aux plaisirs. — On sait que, pour ramener le jour et la nuit, la terre tourne sur elle-même toutes les vingt-quatre heures.

42. Tous les artistes, soit les peintres, soit les dessinateurs, soit les écrivains, soit les sculpteurs, se plaisent à voyager en Suisse, à contempler les fleuves, les lacs, et les montagnes de ce beau pays. — On affirme que les tapisseries de la manufacture d'Aubusson, dans la Creuse, sont presque aussi belles que celles de la manufacture impériale des Gobelins, à Paris.

43. Par leur population, leur industrie, leur commerce et leurs richesses immenses, l'Angleterre et l'Écosse forment une île qui est la première île de l'univers. — Hélène sera une bonne petite fille ; elle aura le cœur excellent ; elle me le prouva hier chez elle, car elle voulut à toute force que je busse du lait de chèvre, que je mangeasse des prunes cuites, que je prisse du miel

et que j'en donnasse à ma petite sœur Louise.

44. Oui, Mademoiselle, je connais beaucoup d'hommes, de femmes et de filles de votre village ; j'en vois qui, tous les lundis, viennent faire du commerce dans notre ville. La plupart vendent des pommes, des groseilles, des citrouilles, des lentilles et du miel de leurs abeilles ; d'autres achètent des casquettes, des couronnes de fleurs artificielles, des bouteilles, des assiettes, des chaussures et des étoffes. Leur manière de commercer est pleine de franchise et de justice.

Exercices sur les mots terminés en sion et en tion.

45. Con fes sion (con fé cion), ad di tion (ad-di cion), sou mis sions, ques tion, ré mis sion, in ven tions, com mis sions, sous trac tion, ces-sion, mul ti pli ca tions, a gres sion, por tions, mis sions, dé vo tion, fas sions, pro por tion, suc-ces sion, ré so lu tions, re pous sions, a do ra tion, im pres sions, ci vi li sa tion, é cri vis sions, con-si dé ra tions, o mis sion, cré a tion, bles sions, ac tions.

46. Confession, addition, soumissions, ques-tion, rémissions, inventions, commissions, sous-traction, cession, multiplications, agression, por-tions, missions, dévotion, fassions, proportion,

succession, résolutions, conversion, liquidation, démission, conventions, repoussions, adoration, impressions, civilisation, écrivissions, considérations, omission, création, blessions, actions.

Exercices contenant des mots terminés en *sion* et en *tion*.

47. Toutes les fois que nous cessions notre travail, nous nous mettions à lire un livre qui parle souvent de la confession, de la rémission des péchés, puis de la soumission que les petits enfants doivent à leur père et à leur mère. — L'addition et la multiplication servent à augmenter les nombres ; la soustraction et la division servent à les diminuer. — La passion la plus funeste à tout le monde est l'ambition : si l'on savait tout le mal qu'elle cause, on la fuirait comme le feu.

48. Nous vous apprenons avec plaisir, Madame, que tous les membres de la commission de surveillance n'ont point voulu accepter votre démission. Ainsi, d'après leur délibération, vous serez forcée, malgré vous, d'exercer encore quelque temps vos fonctions publiques, et nous en sommes tous bien aises. — Par ses belles actions et sa soumission aux lois de la nation, ce général s'attire, sans s'en douter, l'admiration et l'attention

de toute sa patrie ; dans les villes comme dans les campagnes, tout le monde parle de lui.

Exercices sur les mots dont la lettre *g* est suivie de la voyelle *e* précédant la voyelle *a* ou la voyelle *o*.

49. Bour ge ois (bour jois), man ge ons (man-jons), ju ge a, lo ge â mes, pi ge ons, jau ge ait (jo jait), vil la ge ois, ven ge an ce, rou ge o le, man ge â tes, char ge a, bour ge ons, a bré ge aient, dé ga ge â tes, na ge oi res, vil la ge oi ses, en ga ge a, é gru ge oir, dé char ge ons, plon ge aient, vo ya ge a, o bli ge aient, es tur ge ons, man ge oi re, ad ju ge aient, en ga ge â mes, rou ge â tre, en vi sa ge ons, bour ge oi se, ar ran ge â tes.

50. Bourgeois (bourjois), mangeons, jugea, logeâmes, pigeons, jaugea, villageois, vengeance, rougeole, mangeâtes, chargea, bourgeons, abrégeaient, dégageâtes, nageoires, villageoises, engagea, égrugeoir, déchargeons, plongeâtes, voyagea, obligeants, esturgeons, mangeoire, adjugeaient, engageâmes, rougeâtre, envisageons, bourgeoise, arrangeâtes.

Exercices contenant des mots dont la lettre *g* est suivie de la voyelle
e précédant la voyelle *a* ou la voyelle *o*.

51. Ces trois bourgeois (bour ge ois), n'aiment
pas les pigeons (pi ge ons), ni les esturgeons;
nous sommes plus faciles à nourrir qu'eux, nous,
parce que nous mangeons de tout. — Lorsque
vous entrâtes au tribunal, les juges jugeaient un
criminel qui était accusé d'avoir commis de grands
crimes. — Oui, je me rappelle aussi que hier, à
midi un quart, Théophile chargeait sa voiture
pour aller au marché, et que Léon mangeait des
noix. — En voyageant, l'année dernière, dans
la basse Normandie, je logeai, sans le savoir, dans
un hôtel où tout le monde avait la rougeole. Ef-
frayé d'une telle maladie, et craignant d'en
être atteint par le contact des personnes de cet
hôtel, je ne voulus pas y rester; je ne songeai qu'à
en sortir le plus vite possible.

52. Dès que nous crûmes voir que la vengeance
céleste semblait se manifester dans cet orage qui
roulait sur nos têtes depuis une heure, et qui s'é-
lançait d'un ciel noir et rougeâtre, nous ne nous
amusâmes plus à couper les bourgeons de vigne,
à poursuivre les plongeons qui sortaient de l'eau
et se promenaient sur le bord de la rivière, ni à

examiner la beauté des nageoires du saumon que nous venions de prendre. Alors une seule chose nous occupait, nous tenait en silence : c'était la frayeur, la crainte d'être foudroyés par cette tempête.

53. La on (Lan), Sa ô ne (Sône), pa on (pan), a oùt (oût), Je an (Jan), ta on (ton), Ca en (Can), Je an ne (Jâ. ne), co eur (keur), ven ge an ce (ven jan ce), Ca en nais (Can nais), so eur (seur), pa on ne (pa ne), Cra on (Cran), bour ge ois (bour jois), pa on neau (pa neau), La on nais (La nais), rou ge â tre (rou jâ tre), fa on ner (fa ner), La on nai se (Lan nai se), pi ge ons (pi jons), mo eurs (meurs), ju ge â mes (ju jâ mes), ar ran ge ons (ar ran jons), dé cou ra ge ait (dé cou ra jè).

54. Laon, Saône, paon, août, Jean, taon, Caen, Jeanne, cœur, vengeance, Caennais, sœur, paonne, Craon, bourgeois, paonneau, Laonnais, rougeâtre, faonner, Laonnaise, pigeon, mœurs, jugeâmes, arrangeons, décourageait.

Exercices contenant des mots à deux voyelles différentes qui se suivent, et dont l'une d'elles est nulle ou ne se prononce pas.

55. Il y a deux villes de France dont le nom ne se prononce pas comme il s'écrit : ces deux villes sont Caen (Can) et Laon (Lan). La première est le chef-lieu du département du Calvados ; la deuxième est celui du département de l'Aisne. Les enfants qui apprennent à lire ne doivent pas manquer de faire cette remarque, et de bien se rappeler cela. Outre ces deux villes, dont l'une est dans la Normandie, et l'autre dans la Picardie, il est aussi un bel oiseau dont le nom ne se prononce pas non plus comme il s'écrit. Cet oiseau est le paon (pan) ; il est très-fier de son plumage vert parsemé de mille couleurs. Il est rare à Paris ; on ne le voit guère qu'au Jardin des Plantes.

56. On nous assure que c'est au mois d'août (d'oût) que ton frère Jean (Jan) et ton cousin Philippe vont se promener tous les ans, à leur sortie du collége, ou au temps des vacances ; sur les bords agréables de la Saône (Sône), et que là, ils poursuivent de temps en temps, pour s'amuser, tantôt les paons (pans) et les faons (fans), qui sont assez nombreux dans cette belle

contrée, et tantôt les taons (tons) qui font la guerre à ces jolis animaux et les piquent jusqu'au sang.

Exercices sur les mots à doubles voyelles séparables et qui se prononcent toutes.

57. Cha na an (Ca na an), La o co on, Ba la am, zo o lo gie, co or don ner, o o li thes, co op ta tion, é pi zo o tie, Bo oz (Bo os), co o pé rer, Bi za am, I sa ac, co op ter, Ca ath, A chi ma as, Ba al, co o pé ra teur, Ga al, co o pé ra tri ce, Ga la ad, Na a man, A a ron.

58. Chanaan, Laocóon, Balaam, zoologie, coordonner, oolithes, cooptation, épizootie, Booz, coopérer, Bizaam, Isaac, coopter, Caath, Achimaas, Baal, coopérateur, Galaad, Naaman, Aaron.

Exercices contenant des mots à doubles voyelles séparables et qui se prononcent toutes.

59. Comme Abraham était prêt à immoler Isaac (Isa ac) sur un bûcher, il fut retenu par un ange qui lui arrêta le bras, en lui disant que Dieu ne voulait pas qu'il sacrifiât son fils; que s'il lui avait demandé ce sacrifice, c'était pour éprouver leur amour et leur obéissance. — Les mots

coopter (co op ter), coordonner (co or don ner) et coopérer (co o pé rer), sont des verbes, et signifient, ou veulent dire que, pour faire une action quelconque, on n'agit pas seul, on agit avec quelqu'un, avec une ou plusieurs per-sonnes.

60. Chanaan (Cha na an), était fils de Cham, et petit-fils de Noé : le pays qui fut habité par ses descendants porta son nom, c'est-à-dire, qu'on l'appela terre de Chanaan. Moïse, en mourant, engagea son frère Aaron (A a ron), à conserver les commandements avec pureté, et à les expliquer souvent au peuple israélite.

Exercice sur les mots dont l'*y* se prononce comme deux *i* séparés.

61. Pays (pai is), royaume (roi iau me), joyeuse (joi ieuse), ci toyen (ci toi ien), royale (roi ia le), loyauté (loi iau té), doyen (doi ien), paysan pai i san), soyeuse (soi ieu se), mitoyenne (mi-toi ien ne), royalement (roi ia le ment), conci-toyen (con ci toi ien), paysanne (pai i sanne), déploya (dé ploi ia), payé (pai ié), employâtes (em ploi ià tes), broyer (broi ier).

62. Pays, royaume, joyeuse, citoyen, royale, loyauté, doyen, paysan, soyeuse, mitoyenne,

royalement, concitoyen, paysanne, déploya, payé, employâtes, broyer.

Exercices contenant des mots dont l'y se prononce comme deux *i* séparés.

63. Le royaume (roi iau me) des cieux est préférable à la royauté (roi iau té) de ce monde; celui qui est auprès de Dieu est bien plus heureux et bien plus puissant que celui qui règne sur les faibles et malheureux mortels. — On assure que la fortune moyenne (moi ien ne) des habitants de ce pays (pai is) est d'environ quatre ou cinq mille francs.

64. Un citoyen (ci toi ien) est un habitant d'une cité, c'est-à-dire d'une grande ville. Du temps de la république, et même sous l'empire, Rome eut beaucoup de citoyens (ci toi iens) et de citoyennes (ci toi ien nes) distingués ou remarquables par leur savoir, leur courage et leur vertu. — La plupart des paysans (pai i sans) et des paysannes (pai i san nes) de France ont encore un costume de forme grossière et ne savent presque pas parler français.

Exercices sur les mots construits par les syllabes phe, gne, gré, tié, ia, etc.

65. Phi lo so phes, meil leurs, Fran ce, di gnes, gla cé, Cham pa gne, gloi re, é cu reuil, Hip po ly te, Es pa gne, vi nai gre, cloî trés, in strui tes, re mar qua bles, tri om phe, é clairs, es tro pia, in dus trie, frui tiè res, bour biers, fran çai se, pio chés, bruit, gron der, sep tem bre, a droi te ment, nua ges, a vril, cris tal, guir lan des, en viâ mes, quo ti dien, plu sieurs, soi gnés, é gra ti gne, pi tié, sou tien.

66. Philosophes, meilleurs, France, dignes, glacé, Champagne, gloire, écureuils, Hippolyte, Espagne, vinaigre, cloîtrés, instruits, remarquables, triomphe, éclairs, estropia, industrie, fruitières, bourbiers, française, piochés, bruit, gronder, septembre, adroitement, nuages, avril, cristal, guirlandes, enviâmes, quotidien, plusieurs, soignés, égratigne, pitié, soutien.

Exercices contenant des mots construits par les syllabes phe, gne, gre, tié, ia, etc.

67. Les meilleurs vins de France sont ceux de la Champagne, de la Bourgogne, du Roussillon,

de la Gascogne, du Mâconnais et du Beaujolais. L'Italie et l'Espagne en ont aussi de bons, et même de supérieurs. — On appelle philosophes tous ceux qui étudient et qui pratiquent la philosophie; mais les vrais philosophes sont très-rares; il n'y en a que très-peu; l'histoire en offre à peine quelques-uns.

68. Le renard est un animal leste et rusé, mais poltron et fuyard; il a excessivement peur d'un coup de fusil. S'il n'était pas aussi peureux et aussi fuyard, il détruirait toutes les poules, les canes, les oies et les coqs des pays où il se réfugie. — Les Français, les Anglais, les Prussiens et les Autrichiens se regardent aujourd'hui, pour les arts, les sciences, le commerce et la guerre, comme les peuples les plus remarquables de l'Europe, surtout les deux premiers, dont la rivalité, la puissance, les triomphes et la gloire sont connus de toutes les nations civilisées.

69. Charles, Frédéric, Philippe, Hippolyte, Remy et Joly nous disent que le rossignol chante bien et que l'écureuil aime bien les noix : nous n'avons pas de peine à le croire, parce que nous le savons par nous-mêmes; nous avons souvent entendu l'un de nos propres oreilles, et vu l'autre

de nos propres yeux. — Du haut des cieux, où il habite de tout temps, Dieu est environné d'une gloire céleste et infinie, qui est des milliers de fois plus éblouissante que l'est la lumière du soleil aux plus beaux jours du printemps et de l'été. De ce lieu, qui est si élevé, si vaste, il pourrait, par sa volonté seule, s'il le voulait, faire fondre tous les astres qui sont sous ses pieds, comme la glace, le beurre, la crème et le miel fondent devant le feu le plus ardent de nos fourneaux.

70. La Marche et le Berri sont deux provinces qui ont beaucoup de foires, où l'on fait beaucoup de commerce en tout genre, où l'on étale avec une grande profusion et un grand faste les produits de l'industrie française. Là, que voit-on? qu'admire-t-on? Tout ce qui, en fait d'industrie, est beau, curieux ou utile, comme des charrues, des pioches, des pianos, des violons, des haches, des vielles, des fifres, des flûtes, des mirlitons, des clairons, des trompettes, de petites cloches d'or et d'argent, des cages pour mettre les écureuils et les pigeons, des œils-de-bœuf en cristal, en marbre ou en jaspe, des paniers d'osier gris et des cruches de terre blanche, aux belles formes. Tout est si gentil, si

beau, si ravissant, si agréable, que l'œil le moins curieux, le moins attentif, le moins exercé, ne peut s'en détacher ni se lasser de le regarder et de l'examiner.

71. Entendez, amis, le tonnerre gronder sur nos têtes, il roule de toutes parts avec fracas, il fait un bruit épouvantable, effrayant! Ce bruit est accompagné d'éclairs qui éblouissent!... Que signifie cette révolution dans les airs? Cette guerre de nuages, que veut-elle dire?... Elle nous annonce sans doute que Dieu est fâché contre les hommes qui l'offensent trop souvent, et qu'il s'apprête à les punir par sa foudre, soit en la lançant sur eux, soit en laissant les orages et la grêle ravager les récoltes. Les petits enfants qui sont mutins, méchants, qui n'obéissent point à leurs parents et à leurs maîtres, excitent aussi la colère de Dieu. Qu'ils craignent tous ses châtiments, qu'ils se hâtent tous de lui demander pardon, de lui promettre de ne plus désobéir à leurs parents et à leurs maîtres.

Exercices sur les mots dont le *c* et l'*h* suivis d'une voyelle ont la prononciation du *k*.

72. Ar chan ge (ar kan ge), Za cha rie (Zakarie), Cal chas (Cal kas), Mi chel–Ange (Mi kel–An ge), Ma chia vel (Ma kia vel), cho lé ra (kolé ra), Mel chi sé dech (Mel ki sé dè que), Malchus (Mal kus), É zé chias (É zé kias), Eu cha ris (Euka ris se), a na cho rè te (a na ko rè te), choris te (ko ris te), a cro chor de, (a cro kor de) cho rus (ko rus), An tio chus (An tio kus), Jé ri cho (Jé ri ko), Bac chus (Bac kus), é cho (é ko), chalda ï que (kal da ï que), cha os (ka os).

73. Archange, Zacharie, Calchas, Michel-Ange, Machiavel, choléra, Melchisédech, Malchus, Ézéchias, Eucharis, anachorète, choriste, acrochorde, chorus, Antiochus, Jéricho, Bacchus, écho, chaldaïque, chaos.

Exercices contenant des mots dont le *c* et l'*h* suivis d'une voyelle ont la prononciation du *k*.

74. Le *Télémaque* est un beau livre : c'est dans cet admirable ouvrage que l'on voit éclater la colère de la déesse Calypso (Ca ly pso) contre la nymphe Eucharis (Eu ka ris). — Michel-Ange

(Mi kel-Ange) et Machiavel (Ma kia vel) étaient deux Italiens : l'un fut un peintre célèbre et l'autre un grand écrivain. En mil huit cent trente-deux, le choléra (ko lé ra) fit mourir beaucoup de monde en France, surtout à Paris. Il y eut alors des familles entières qui furent enlevées par cette terrible maladie.

75. Bel, roi des Chaldéens (Kal déens), reçut de ses peuples les honneurs divins, il se fit adorer comme un dieu. — Achab (A ka be), Ochozias (O ko zias) et Ézéchias (É zé kias) étaient des rois juifs, ou de la Judée; et Zacharie (Za ka rie), un prêtre de ce même pays, c'est-à-dire le grand pontife du temple de Jérusalem. — Nabuchodonosor (Na bu ko do no sor), roi de Babylone, prit la ville de Jérusalem jusqu'à trois fois; et voulut forcer les plus illustres personnages de cette ville à adorer sa statue, mais ils s'y refusèrent.

Exercices sur les mots dont les syllabes finales font entendre deux sons.

76. Turc (tur que), coq (co que), a vec (a vè que), con tact (con tac te), Grec (Grè que), Ro bo am (Ro bo a me), Auch (Au che), Jé ru sa lem (Jé ru sa lè me), punch (pun che), bac (ba que),

I bra him (I bra hi me), lac (lac que), Soult (Soul te), cinq (cin que), Til sitt (Til sit te); A chab (A cha be), Da ne mark (Da ne mar que), Brest (Bres te), Buc kin gham (Buc kin gha me), christ (chris te).

77. Turc, coq, avec, contact, Grec, Roboam, Auch, Jérusalem, punch, bac, Ibrahim, lac, Soult, cinq, Tilsitt, Achab, Danemark, Brest, Buckingham, christ.

Exercices contenant des mots dont les syllabes finales font entendre deux sons.

78. Un lac (la que) est une étendue d'eau dormante entretenue par une source cachée, non par un ruisseau ou par une source visible. — On appelle Grecs (Grè ques) les hommes qui habitent la Grèce, et Turcs (Tur ques) ceux qui habitent la Turquie. — La ville de Jérusalem (Jé ru sa lè me) est en Asie et sur une montagne assez élevée. Cette cité est d'abord remarquable par son antiquité et ses malheurs, puis par la mort et la résurrection du Christ (Chris te).

79. Le coq (co que) se prive de la nourriture qu'il trouve pour la laisser aux poules qu'il appelle à lui : ceci montre qu'il a un bon cœur pour elles.

Exercices sur les mots terminés par un *z* ayant le son de l'*s*.

80. Cor tez (Cor tes se), Metz (Mes se), Au ster litz (Au ster lis se), Lom bez (Lom bes se), Ba da joz (Ba da jos se), Al va rez (Al va res se), Rho dez (Rho des se).

81. Cortez, Metz, Austerlitz, Lombez, Badajoz, Alvarez, Rhodez.

Exercices contenant des mots terminés par un *z* ayant le son de l'*s*.

82. La bataille d'Austerlitz (d'Aus ter lis se) est une de celles qui honorent le plus le courage des soldats français et le génie militaire de Napoléon. — Metz (Mes se) est le chef-lieu du département de la Moselle, et Rhodez (Rho des se) celui du département de l'Aveyron.

83. Il n'y a, disait un jour un petit écolier à l'un ses camarades, que bien peu de mots dont le *z* final se prononce comme l'*s*, tels que : Saint-Jean-de-Luz (Saint-Jean-de-Lusse), Falcoz (Fal cosse), Sénez (Sé nes se), Saint-Tropez (Saint-Tro pes se), Véra-Cruz (Véra-Crus se), Booz (Bo os se).

Exercices sur les mots à deux et à trois consonnes inséparables ou qui se suivent.

84. Scul ptu re, Scan di na ve, Chris to phe, stra té gie, Sten tor, Stras bourg, chris tia nis me, Sta nis-

las, Ams ter dam, po ly tech ni que, scien ti fi ques, ab strac tion, splen di des.

85. Sculpture, Scandinave, Christophe, stratégie, Stentor, Strasbourg, christianisme, Stanislas, Amsterdam, polytechnique, scientifiques, abstraction, splendides.

Exercices contenant des mots à deux et à trois consonnes inséparables ou qui se suivent.

86. C'est en Grèce que la sculpture (scul ptu re) s'est le plus développée ; ses meilleurs sculpteurs (sculpteurs) sont Phidias et Praxitèle. En France, le plus remarquable est Jean Goujon. — Ausitôt que Stanislas (Sta nis las), roi de Pologne, se vit détrôné, il se réfugia en Lorraine, où il finit ses jours et où il fit beaucoup de bien aux malheureux de ce pays.

87. Strasbourg (Stras bourg) est le chef-lieu du département du Bas-Rhin ; cette ville est remarquable par la hauteur prodigieuse de la flèche de sa cathédrale et par les grues qui voltigent et qui bâtissent leur nid sur les cheminées. — Le mot abstraction (ab straction) représente une chose invisible que l'on ne voit point. Le mot splendide (splen di de) représente, au contraire, une chose visible et qui brille d'un grand éclat.

Exercices sur les mots à doubles consonnes qui se prononcent
comme une seule consonne.

88. Wa shing ton (Va zing ton), New-York (Neu-
York), Crom well (Crom vel), New ton (Neu ton), Po-
nia tow ski (Po nia to ski), Kel ler mann (Ké ler ma-
ne), Stutt gard (Stut gard), Low en dalh (Lov en-
dalh), Glo gow (Glo gov), Span daw (Span do), Longwy (Lon goui).

89. Washington, New-York, Cromwell, Newton,
Poniatowski, Kellermann, Stuttgard, Lowendalh, Glo-
gow, Spandaw, Longwy.

Exercices contenant des mots à doubles consonnes qui se prononcent
comme une seule consonne.

90. L'avenue Lowendalh (Lo ven dall) est celle qui
va de la barrière de l'École militaire à l'hôtel des Inva-
lides. — C'est à la bataille de Leipsick (Leip si que),
en 1813, que Poniatowski (Po nia tos ki), prince po-
lonais, se noya (noi ia) dans l'Elster.

91. La langue française n'a pas de mots à double v;
il n'en est pas ainsi de la langue anglaise, car elle
est une de celles qui en possède le plus, tels que :
Newcastle (Neu cas tle), Solway (Sol vay), Lewis (Le-
vis), Worcester (Vor ces ter), Wigton (Vig ton), War-
wick (Var vick), etc.

Exercices sur les mots dont les e muets se prononcent comme des é fermés ou qui rendent nulle la voyelle qui les précède.

92. Oe di pe (É di pe), Oe no ne (Éno ne), oe cu mé ni que (é cu mé ni que), oe dé ma teux (é dé ma teux), Oeta (Éta), Poe an (Pé an).

93. Oedipe, Oenone, Oecuménique, Oedémateux, Oeta, Pœan.

Exercices contenant des mots dont les e muets se prononcent comme des é fermés ou qui rendent nulle la voyelle qui les précède.

94. L'histoire rapporte que Philoctète était fils de Pœan (Péan) et compagnon d'Hercule. — Oedipe (É di pe), roi de Thèbes, en Grèce, et contrée de la Béotie (Bé o cie), tua Laïus (La ïus), son père, sans le connaître : lorsqu'il connut son parricide, il se creva les yeux de désespoir.

95. Oenone (É no ne), par sa perfidie et ses mauvais conseils, fut cause du malheur de Phèdre, de celui de Thésée et de la triste mort du vertueux Hippolyte.

Exercices sur les mots un peu difficiles.

96. Dant zick, A ga mem non, Lock mann, Maëstricht, Cly tem nes tre, Altkirch, Bu cha rest, Ams ter dam, Mu nich, Luck now, kal mouck, Stoc fi che, Kehl, Xé no phon, diph thon gues, suc cinct, fa on ner, Ulm, Taï-Kang, Stoc kholm, Fran klin, splen-

di de, po ly tech ni que, sco lai re, ma thé ma ti ques,
sté no gra phie, scien ces, scru pu leux, con strui re,
scri pto lo gie, con scien ce, l'or tho gra phe, pro-
phè te, chris tia nis me, Phry giens, sca pu lai re,
Go liath, Co ok.

97. Dantzick, Agamemnon, Lockmann, Maëstricht,
Clytemnestre, Altkirch, Amsterdam, Bucharest, Mu-
nich, Lucnow, kalmouck, Stocfiche, Kehl, Xénophon,
diphthongues, succinct, faonner, Ulm, Taï-Kang,
Stockholm, Franklin, splendide, polytechnique, sco-
laire, mathématiques, sténographie, sciences, scrupu-
leux, construire, scriptologie, conscience, l'orthographe, prophète, christianisme, Phrygiens, scapulaire,
Goliath, Cook.

Exercices contenant des mots un peu difficiles.

98. Wasington (Va sing ton), par son courage (hé-
ro ï que), sa sagesse et son rare désintéressement, a
mérité l'amour et la reconnaissance de tous les peuples
de l'Amérique, surtout de ceux des États-Unis. —
Franklin (Fran klin) et Cromwell (Crom vel) furent
deux hommes bien différents : l'un, comme philo-
sophe, se montra toujours bon et juste ; tandis que
l'autre, comme guerrier et chef suprême d'État, se
montra, au contraire, un tyran cruel. — A son
retour du siége de la ville de Troie, Agamemnon

(A ga mem non), roi de Mycènes, en Grèce, fut poi-gnardé dans son lit pendant son sommeil, par sa femme, la reine Clytemnestre (Cly tem nes tre).

99. C'est Newton (Neu ton), savant anglais, qui a découvert le système de l'attraction (l'at trac tion), en voyant la chute d'une pomme qui tombait d'un pom-mier. — Les grandes villes d'Europe dont les noms sont un peu difficiles à lire sont Saint-Pétersbourg (Pé-ters bourg), capitale de la Russie ; Stockholm (Stock-holm), capitale de la Suède et de la Norwége ; Ams-terdam (Ams ter dam), capitale de la Hollande ; et Copenhague (Co pe nha gue), capitale du Danemark.

100. L'École polytechnique de Paris est la première école de France : c'est là qu'un petit nombre de jeunes gens, ou ceux auxquels on reconnaît le plus d'intelli-gence, étudient à fond les arts et les sciences. — Le mot splendide veut dire que quelque chose est très-beau, attire fortement les regards ; le mot conscien-cieux s'applique à la conscience ou fait comprendre qu'un homme est juste, qu'il ne veut rien injustement, mais seulement ce qui lui appartient légitimement.

101. Le palais du Kremlin, à Moscou, était la rési-dence ordinaire des empereurs de Russie ; il fut brûlé en mil huit cent douze, ainsi que toute la ville. Les Russes eux-mêmes se décidèrent à incendier cette capitale pour fermer la conquête de leur empire à l'ar-

mée française, qui était commandée par Napoléon. —
On appelle sténographie l'art d'écrire aussi vite que la
parole, et scriptologie l'art d'enseigner la lecture par
l'écriture et l'orthographe. — Le capitaine Cook (Co-
que) était un navigateur anglais et l'un des plus
illustres que l'on ait vus jusqu'à ce jour; il eut une
fin tragique : il fut tué par les sauvages de l'île
d'Owhyhée.

Conversation enfantine, après une distribution de prix, sur les principales difficultés de la lecture élémentaire.

Les petits enfants dont nous avons parlé au com-
mencement de cet ouvrage obtinrent tous de leurs parents le livre d'Exercices sur les principales difficultés
de la lecture élémentaire, et tous firent leur possible
pour bien l'étudier et profiter des procédés qu'il contient. Par le goût et l'application qu'ils y mirent, ils
surent parfaitement lire au bout de trois mois ; c'était
l'époque des vacances. Ce moment, on doit le penser,
était l'objet de tous leurs désirs, car tous brûlaient
d'impatience d'assister à la distribution des prix et de
recevoir ceux qu'ils méritaient par leur travail et leur
bonne conduite. Au jour fixé, on les réunit, à midi,
dans la grande salle de la mairie. Là, en présence de
toutes les autorités locales, de messieurs le maire, le
curé, l'adjoint, les membres du conseil municipal et

d'un nombreux auditoire, on les interrogea sur les principales connaissances qu'ils avaient acquises : la lecture, le calcul, le système métrique, la géographie, l'histoire, la musique, le dessin, la couture, l'orthographe et la grammaire. L'examen fini, on leur donna les livres et les couronnes qu'ils avaient mérités. Comme ils répondirent assez bien à toutes les questions qu'on leur fit, et que l'on fut assez satisfait d'eux, on leur permit, après la distribution des prix, d'aller se promener pendant une heure dans le jardin de la mairie. A peine eurent-ils fait quelques pas dans les longues allées de ce jardin, qu'ils s'assirent à l'ombre au pied d'un gros tilleul et se mirent à regarder les livres et les couronnes qu'ils venaient de recevoir. Chacun d'eux éprouva un grand plaisir qui augmenta encore par la conversation suivante :

« Pour nous, dit un petit garçon de neuf à dix ans, en s'adressant à toute l'assemblée, c'est un beau jour que ce jour-ci, car il nous fait goûter bien de la joie, bien des délices. Nous avons d'abord été très-heureux dans la salle de la mairie en chantant tous à la fois, en répondant assez bien aux questions que l'on nous a adressées, et nous le sommes encore beaucoup ici en admirant nos livres et nos couronnes. Tout cela nous procure un jour de bonheur, c'est ce que nous ne pouvons nier. — Oui, lui répondit vite une petite fille de son âge, tu as raison de le dire, ce jour est, pour nous, un beau jour, un jour très-heureux : je me le rappellerai longtemps, longtemps il sera dans ma mémoire. Ce que je n'oublierai pas, ce sont les interrogations que l'on nous a faites sur l'histoire, la géographie et la religion, surtout sur les principales difficultés de la lecture élémentaire. Ces dernières questions, qui sont neuves, que l'on n'avait encore jamais faites, m'ont, je l'avoue, surprise, embarrassée, et c'est ce qui est cause que j'y penserai longtemps et qu'elles ne sortiront jamais de ma mémoire. — Tu n'es pas la seule, reprit une autre petite fille ; elles ont produit sur moi le même effet. Quand on m'a demandé comment se prononce l's précédée d'une consonne et suivie d'une voyelle, puis entre deux voyelles, je t'assure que j'étais fort embarrassée ; je ne savais que répondre, c'est ce que tout le monde a remarqué, je m'en suis aperçue, et cette remarque a redoublé mon embarras. Oh ! que ceci m'a troublée, m'a fait de peine ! En ce moment, je ne le cache pas, j'aurais bien voulu être ailleurs, parce que je souffrais trop de voir tous les yeux fixés sur moi. — Tu ne dois pas te plaindre, lui dit vivement un petit garçon aux yeux vifs et noirs, car on m'en a demandé beaucoup plus qu'à toi, et pourtant je m'en suis assez bien tiré, c'est ce que vous avez tous vu, j'espère. — Oui, continua un autre petit garçon de dix à

douze ans, tu as assez bien répondu à toutes les questions que l'on t'a adressées, c'est ce que l'on ne peut
désavouer. Quand on t'a demandé, par exemple, comment se prononce le *c* surbaissé d'une cédille et précédant la voyelle *a*, la voyelle *o* et la voyelle *u*, tu as tout
de suite répondu qu'il se prononce comme une *s*, non
commé un *k*; et cette réponse prompte, hardie, a rem-
pli tous les auditeurs d'admiration; nous nous en
sommes tous aperçus. — C'est vrai! c'est vrai! » s'é-
cria hautement toute l'assemblée.

« Jusqu'alors, poursuivit la plus grande des petites
filles, on n'avait pas encore fait de pareilles interrogations sur les principales difficultés de la lecture élémentaire; nous sommes, en France, les premiers
auxquels on les ait faites; c'est nous qui en avons eu
l'étrenne ou l'honneur. Avant nous, on enseignait
toujours la lecture courante d'une manière machinale,
sans principes, ou sans expliquer les causes pour les-
quelles certains mots se prononcent de telle ou telle fa-
çon. Et, de ce manque d'explication indispensable,
qu'en résultait-il? Que tous les enfants qui croyaient
bien lire lisaient fort mal, ou qu'ils prononçaient beaucoup de mots tout autrement qu'ils doivent l'être. Aujourd'hui, grâce à l'Exercice de lecture que l'on nous
a donné, nous voyons nous-mêmes comment doivent
se prononcer tous ces mots, et c'est, je l'avoue, un

grand service rendu ; nous devons être très-recon-
naissants envers celui qui a eu l'heureuse idée de
produire ce petit livre. »

Tous convinrent de cette vérité, et tous se félicitèrent
d'avoir l'avantage d'étudier les principales difficultés
de la lecture élémentaire. Bientôt, un petit garçon qui
n'avait encore rien dit, se hâta de prendre la parole à
son tour :

« Il y a, dans la lecture, quelque chose que je trouve
bien mauvais et même absurde : c'est que beaucoup
de mots se prononcent autrement qu'ils ne s'écrivent,
comme les mots : Newton, Eucharis, Laocoon ; et que
l'on prononce comme s'ils étaient écrits : Neu ton,
Eu ca ris, La o con. Pourquoi les écrire autrement
qu'on ne les prononce ? C'est là, ce me semble, la
grande difficulté qui arrête les écoliers. Ces difficultés
disparaîtraient bientôt si l'on n'admettait, dans toutes
les langues, que des mots commodes à prononcer, et si
on les écrivait selon leur prononciation la plus facile.
Cela est possible, on ne peut le contester ; or, puisque
c'est possible, d'où vient qu'on ne le fait pas ? Voici ce
que je ne comprends point. A ce sujet, n'êtes-vous pas
tous de mon avis ? Oui ! oui ! » répondirent tous les
assistants, « nous le sommes tous ! nous le sommes
tous !

— Pour rendre la lecture facile, continua un autre

petit garçon qui venait de prendre la parole, il faudrait d'abord que l'on supprimât, dans toutes les langues, tous les mots inexprimables ou illisibles, puis que l'on fît prononcer toutes les voyelles et qu'aucune ne fût nulle. On peut atteindre ce but, si on le veut, parce qu'il ne faut, pour cela, que de la volonté, et tant qu'on ne le fera pas, il y aura toujours, dans toutes les langues des mots dont la lecture et l'orthographe seront diffi- ciles. »

Tous convinrent encore de cette seconde vérité, tous se disaient les uns aux autres que l'on ferait bien de s'appliquer, dans tous les pays du monde, à la perfec- tion du langage. Comme ils achevaient ces dernières paroles, ils virent la femme du secrétaire de la mairie qui venait à eux ; elle leur apportait un gâteau au beurre frais, des pêches et du vin. C'était monsieur le maire qui leur envoyait tout cela. Sans avoir faim ni soif, ils acceptèrent tous un morceau de gâteau, une pêche et un verre de vin. Cette petite collation prise, ils se disposèrent à continuer leur conversation, parce qu'ils sentaient qu'ils y éprouvaient du plaisir.

Conversation enfantine sur le livre qui doit faire suite aux Exercices de lecture.

« Voilà, dit une fille nommée Hélène, que nous connaissons, les principales difficultés de la lecture élémentaire, que nous avons tous lu l'Exercice de la lecture. Maintenant que nous avons lu tout cet ouvrage, il est bon, ce me semble, que nous sachions quel est celui qui en forme la suite. Il doit sans doute en exister un, mais lequel est-ce? Je n'en sais rien. Parmi vous, est-il quelqu'un qui le connaisse ? » La plupart répondirent que non, qu'ils n'en avaient aucune connaissance.

« Puis que vous n'en connaissez point, continua Hélène, quel serait, selon vous, celui qui nous serait nécessaire? De quoi faudrait-il qu'il traitât? — Il faudrait, je crois, dit un garçon, que ce fût un ouvrage instructif, facile à comprendre et d'une lecture agréable. Et, pour qu'il fût tel, il serait nécessaire qu'il eût beaucoup de petites conversations enfantines, où les enfants auraient occasion de se dire entre eux ce qui leur plaît, ce qu'ils aiment, ce qu'ils comprennent bien, ou ce qui convient à leur manière de voir et de penser, ce qui est approprié à leur goût et à leur intelligence, surtout ce qui les frappe, ce qu'ils retiennent bien, ce qu'ils n'oublient point. Voici, ce me semble, le livre qui, après les Exercices de lecture nous serait convenable.»

Tous approuvèrent ces idées, car elles leur faisaient comprendre que le livre dont ils parlaient leur serait d'une grande utilité. Mais existait-il, ce livre? Pourraient-ils se le procurer? C'était là leur grand embarras. Voyant. à la fin, qu'aucun ne le connaissait, n'en avait entendu parler, un petit garçon bien connu pour son goût pour la lecture leur dit :

« Ne vous désespérez point : le livre que vous dites nous être si utile, et que vous paraissez tant désirer, n'est point à produire, il existe, je le connais, je l'ai lu : ma tante m'en avait fait cadeau ; il s'appelle les *Idées enfantines*, ou l'art de faire aimer la lecture aux enfants par des exercices faciles à comprendre, agréables et instructifs. Je l'ai lu entièrement depuis peu, et je vous assure que j'en ai été content et que j'ai eu beaucoup de plaisir à le lire. — Pourquoi, dit ici Hélène, lorsque je vous ai demandé à tous si vous connaissiez un ouvrage de ce genre, ne l'as-tu pas avoué ? qui t'en a empêché ? — Si je n'ai pas répondu tout de suite à ta question, répliqua Jean, c'est parce que je voulais voir comment on s'y prendrait pour te répondre et comment tu t'en tirerais toi-même. Voilà le motif de mon silence à ta question. »

On approuva ce motif, parce qu'il montrait, de la part de Jean, de l'esprit et de la finesse.

« Dès que tu as lu les *Idées enfantines*, que tu les connais, dit une petite fille très-brune en s'adressant à Jean, raconte-nous un peu ce que contient cet ouvrage, expose-nous-en, en quelques mots, les principales matières. Après cette peinture, nous verrons si nous devrons nous décider à nous le procurer, et à le lire. »

Satisfait de cette proposition Jean poursuivit :

« Ce livre ne contient, dans presque toute son étendue, que de petites conversations enfantines, mais qui sont toutes agréables, faciles à comprendre, instructives, morales et appropriées à notre goût et à notre âge. Ce qu'elles ont de bon, d'admirable, c'est que l'on n'y parle que de choses qui plaisent, qui amusent en instruisant ; telles que de la lecture et de l'orthographe usuelles, de quelques connaissances élémentaires, des expressions concernant le système métrique, des dangers que doivent éviter les enfants, de la bonté et de la douceur qui leur conviennent, des exercices théoriques et pratiques sur la lecture des mots français dérivés des langues étrangères qui offrent des difficultés, etc. Toutes ces choses sont dites avec clarté, simplicité, naïveté ; on croirait, en entendant des enfants tout jeunes raisonner de la sorte, que ce sont de grandes personnes qui parlent. Et cette manière de nous exercer à lire est très-propre, vous devez le comprendre, à développer notre intelligence, à nous former l'esprit et le jugement, à nous donner, sans que nous nous en apercevions, l'habitude de la conversation. Voilà, en quelques mots, ce que renferment les *Idées enfantines*. Vous voyez maintenant si elles peuvent vous convenir. »

A cette peinture, tous se regardèrent, se consultèrent des yeux et se demandèrent ce qu'ils devaient décider à cet égard.

« Qu'en penses-tu? » dit Petit-Jacques à son ami Nicolas ; « devons-nous lire ce livre? Te plaît-il ? — Sans doute » répondit Nicolas; « il doit être très-intéressant, très-utile. Ce qui me convient en lui, c'est qu'il me paraît propre à faire naître en nous les idées, à nous conduire à aimer la lecture, à nous habituer à raisonner comme si nous étions de grandes personnes. Et ceci, vous le sentez, est excellent, admirable. Jusqu'alors les enfants n'avaient pas encore eu de pareil livre. Puisqu'il existe, que nous pouvons l'avoir, profitons-en, lisons-le. — Oui ! oui ! » s'écria gaiement toute la petite assemblée, » profitons-en ! profitons-en ! lisons-le ! lisons-le ! »

A peine achevaient-ils ces dernières paroles, que monsieur le maire, monsieur le curé, monsieur l'adjoint au maire et quelques membres du conseil municipal traversèrent le jardin pour les voir, et leur conversation sur les principales difficultés de la lecture élémentaire, ainsi que sur le livre des *Idées enfantines* fut bientôt terminée.

Réflexions enfantines sur les principales difficultés de la lecture élémentaire.

Soit dans les arts, soit dans les sciences, toute invention ou toute perfection porte toujours son fruit, non-seulement chez les hommes, mais encore chez les enfants; c'est ce que nous allons montrer en peu de mots.

Ainsi qu'on vient de le voir, les écoliers dont nous venons de parler éprouvèrent du plaisir à parler des connaissances qu'ils avaient acquises, et à en démontrer l'utilité. Pour eux, rien ne leur était plus agréable que le jour de la distribution des prix qu'ils reçurent en récompense de leur travail et de leur bonne conduite à l'école. Aussi, ils ne l'oublièrent pas, ils se plaisaient toujours à en parler chaque fois qu'ils en avaient l'occasion, soit qu'ils fussent tous réunis, soit qu'ils ne fussent que quelques-uns. Dans le premier cas ils goûtaient plus de satisfaction, ils parlaient beaucoup plus, mais ce qu'ils disaient avait moins de bon sens, moins de réflexion que dans le second cas. Un court récit à cet égard va nous en fournir la preuve.

Un dimanche matin que l'un d'eux revenait seul de faire une course pour son père, il rencontra Petit-Jacques au pied d'un vieil arbre, où il gardait quelques brebis et une chèvre; il paraissait sérieux et pensif,

Le voyant grave et réfléchi, il l'aborde en souriant avec douceur, et lui dit :

« Qu'as-tu, mon cher Petit-Jacques? Comme tu es sérieux et préoccupé : à te voir tel, on est porté à croire que tu penses à de grandes choses, ou à quelque chose qui t'occupe beaucoup. — Ah ! lui répondit Petit-Jacques en relevant un peu le front, mais d'un air toujours sérieux, tu ne te trompes point, je pense en effet, et à des choses dont tu ne te doutes point. — Non, reprit Victor, je ne m'en doute point, car je ne puis pas savoir quelle est ta pensée. — Eh bien ! poursuivit Petit-Jacques, si tu me vois, comme j'en ai l'air, pensif et sérieux, je vais t'en dire le motif, c'est que je pense aux principales difficultés de la lecture élémentaire, ou au livre qui nous a aidé à les vaincre, qui nous en a expliqué les règles et les principes. Avant que je ne le connusse, je ne savais pas lire, je l'avoue, la plupart des mots qui se prononcent autrement qu'ils sont écrits, même beaucoup de ceux dont la prononciation est conforme à l'orthographe. Aujourd'hui il n'en est pas ainsi, tant s'en faut, et j'en suis surpris ; voilà ce qui me jette dans les réflexions où tu me vois. Hier, par exemple, je lisais un livre d'histoire générale où il y a beaucoup de mots dérivés des langues étrangères, soit des anciennes, soit des modernes, et qui se prononcent très-souvent comme tu le sais, autrement qu'ils sont écrits. Si, me dis-je en les lisant, je n'avais pas vu l'exercice de lecture, où leur vraie prononciation est expliquée, je ne pourrais pourtant pas les lire, je les lirais mal, ou tels qu'ils sont écrits : pour mieux dire, je prononcerais *choléra* au lieu de coléra, *Eucharistie* au lieu d'Eucaristie, etc. Et cette manière de lire serait défectueuse. Or j'en ai conclu que le livre qui m'a aidé à les lire comme ils doivent l'être est excellent, qu'il nous a rendu de grands services, qu'il est appelé à en rendre beaucoup dans toute la France, et à toutes les époques.

—Oui, repartit Victor, ceci est incontestable ; car cet ouvrage, tout petit qu'il est, devient de première nécessité. Ce que j'admire en lui, ce qui me plaît, c'est d'abord qu'il facilite la lecture des mots difficiles, ou qui se prononcent autrement qu'ils sont écrits, puis de ce qu'il a de jolies petites conversations enfantines, appropriées à notre âge, très-instructives et très-agréables. Malgré cela, il me semble pourtant y voir quelque chose qui, tout en nous servant, pourrait nous nuire aussi ; ainsi, pour montrer la vraie prononciation de quelques mots, il est forcé de mettre, selon le besoin, un *c* à la place d'un *s*, ou une *s* à la place d'un *c*, etc. ; comme dans ces exemples : le çon (le son), bour se (bour ce), etc. Cette double orthographe, j'en conviens, peut quelquefois nous nuire, parcequ'il peut nous arriver, en voyant le même mot écrit des deux manières, de prendre, parfois, la mauvaise pour la bonne ; ce serait nous tirer d'une difficulté pour nous replonger dans une autre. Mais avec un peu d'attention on ne doit pas s'y tromper, parce que la vraie orthographe des mots doit plutôt se retenir que la fausse. Après tout, on ne peut pas toujours, quelque talent que l'on ait, apporter dans un art ou une science quelconque la dernière perfection que l'on désire; sans aller aussi avant, c'est déjà assez, je crois, que l'on fasse mieux que ce qui existe. En résumé, l'exercice de lecture sur les principales difficultés de la lecture élémentaire est donc, tel qu'il est, très-utile : c'est ce que l'on ne peut nier.

— Oui, continua Petit-Jacques, il est très-utile; non-seulement pour lire les mots écrits autrement qu'on ne les prononce, mais même pour ceux qui, bien qu'écrits tels qu'on les prononce, offrent néanmoins quelques petites difficultés, comme ceux, par exemple, où l's, selon qu'elle est précédée d'une consonne ou d'une voyelle, se prononce comme un *c* ou comme un *z*, comme dans ces exemples : cour se (cour ce), mi se (mi ze). Voilà de ces difficultés qui, assurément, ne sont pas grandes, mais qui, quoique telles, et faute d'être signalées, ne laissent néanmoins pas que d'embarrasser beaucoup d'enfants. Et, quoique ne lisant pas trop mal, combien y a-t-il de grandes personnes qui ne savent pas cela, et ne s'en doutent même pas. Ainsi, soit pour cette règle et bien d'autres qui suivent, l'Exercice de lecture est donc excellent. Il est tout à la fois théorique et pratique, et il met l'élève en état de pouvoir s'instruire seul. C'est ce que devraient faire tous les livres classiques, principalement les grammaires.

— Attends, attends, dit Victor ; ne te presse pas : tout ne se fait pas en un jour, tu le sais : avec le temps et la patience on donnera, sans doute, à une certaine époque, soit aux arts, soit aux sciences, la perfection dont tu parais sentir le besoin. Et toi-même qui n'es aujourd'hui qu'un enfant, sans connaissances, peut-être seras-tu, à l'âge d'homme, un de ceux qui feras ce que tu souhaites que l'on fasse pour le perfectionnement des livres classiques ; j'en ai le pressentiment, d'après ce que j'ai pu remarquer en toi tout à l'heure. »

A ces mots Victor serra la main à son ami, afin de lui prouver son estime et son affection. « Adieu, lui dit-il ; je te quitte ; du courage dans tes réflexions, elles sont de bon augure. »

Bien qu'enfant, il ne se trompait pas en parlant de la sorte, car Petit-Jacques devint en effet, à l'âge d'homme, un savant distingué ; il en a donné des preuves incontestables dans presque tous ses ouvrages.

Ainsi, souvent dans beaucoup de circonstances, l'enfant pressent son avenir aussitôt qu'il commence à penser, même dans les conditions les plus défavorables, ou cet avenir est pressenti par un autre enfant. Chose surprenante, admirable secret de la nature, qui semble toujours se plaire à se voiler de mystères.

FIN.

TABLE DES MATIÈRES.

FIN DE LA TABLE DES MATIÈRES.

CORBEIL, typographie et stéréotypie de CRÉTÉ.